Animales con rayas

Teddy Borth

Abdo
LA PIEL DE LOS ANIMALES
Kids

abdopublishing.com

Published by Abdo Kids, a division of ABDO, PO Box 398166, Minneapolis, Minnesota 55439.
Copyright © 2017 by Abdo Consulting Group, Inc. International copyrights reserved in all countries.
No part of this book may be reproduced in any form without written permission from the publisher.

Printed in the United States of America, North Mankato, Minnesota.

102016

012017

THIS BOOK CONTAINS
RECYCLED MATERIALS

Spanish Translator: Maria Puchol

Photo Credits: iStock, Shutterstock

Production Contributors: Teddy Borth, Jennie Forsberg, Grace Hansen

Design Contributors: Christina Doffing, Candice Keimig, Dorothy Toth

Publisher's Cataloging-in-Publication Data

Names: Borth, Teddy, author.

Title: Animales con rayas / by Teddy Borth.

Other titles: Striped animals. Spanish

Description: Minneapolis, MN : Abdo Kids, 2017. | Series: La piel de los
    animales | Includes bibliographical references and index.

Identifiers: LCCN 2016947337 | ISBN 9781624026270 (lib. bdg.) |
    ISBN 9781624028519 (ebook)

Subjects: LCSH: Body covering (Anatomy)--Juvenile literature. | Skin--Juvenile
    literature. | Spanish language materials--Juvenile literature.

Classification: DDC 591.47--dc23

LC record available at http://lccn.loc.gov/2016947337

Contenido

Animales con rayas

¡Los animales tienen piel!

Hay muchos tipos de piel.

Algunos animales tienen rayas.

Tienen líneas en el cuerpo.

bongo

Las rayas pueden estar en el **pelaje** o en las escamas. Los insectos también pueden tener rayas.

pez ángel de anillo azul

9

Las cebras tienen rayas. Así las moscas no se acercan.

cebra

Los tigres tienen rayas. Les sirven para camuflarse. Así pueden cazar mejor.

tigre

13

Otros animales se camuflan
para estar a salvo.

ardilla rayada

15

Las rayas pueden significar **peligro**. Las abejas tienen rayas para alejar a los pájaros.

abejorro

Las rayas de las serpientes

advierten de que son **venenosas**.

serpiente de coral

Las mofetas despiden un olor feo. Su raya blanca nos lo advierte. ¡No te acerques demasiado!

mofeta

Otros animales con rayas

gato atigrado

numbat

mapache

okapi

Glosario

peligro
posibilidad de hacerse daño.

pelaje
pelo corto y fino de
algunos animales.

veneno
sustancia que puede causar la
muerte o algunas enfermedades.

Índice

abdokids.com

¡Usa este código para
entrar en abdokids.com
y tener acceso a juegos,
arte, videos y mucho más!

Código Abdo Kids:
ASK4980